붉은 담장의 커브

붉은 담장의 커브

이수명 시집

민음의 시 103

민음사

사랑하는 성훈에게

自序

꽃은 없고
꽃잎들만 무수히 날린다

차례

1부

케익 15

살인자들 16

가든 파티 17

새와 함께 18

테니스 써클 19

밧줄 20

대화법 21

트럼펫 22

유리 끼우기 23

구경꾼 24

공원에서 25

장미 한 다발 26

신사의 식사 27

푸른 사과 28

철제 의자 29

야구 선수 K 30

나는 고양이와 회의를 한다 31

칼 32

나의 식물　　33

소풍　　34

프로그램　　35

검은 자동차　　36

민들레 총　　37

부서진 계단　　38

앉아 있는 새　　40

나무는 도끼를 삼켰다　　41

2부

무는 혼수상태에 빠진다　　45

바다의 프리즘　　46

붉은 담장의 커브　　48

침입자　　49

정원사　　50

벽지　　51

오렌지 먹는 사람들　　52

오렌지 나무의 농담　　53

나무 속에서 피리를 불었다　　54

호도나무를 베다　　55

그의 초승달　　56

흉기　　57

모래주머니　　58

달팽이 시계　　59

식당에서　　60

나는 나뭇잎을 물고　　61

숲을 지나가는 법　　62

안내　　64

나의 연주　　65

그네　　66

얼음의 세목　　68

먹구름　　69

해바라기　　70

늙은 빵　　72

일요일　　73

호수　　74

벌레　　75

연분홍 타이어　　76

나무젓가락　　77

잠 78

나는 너의 방을 노랗게 칠한다 79

어항 80

공놀이 81

세수 82

태양과의 통화 83

지하실 84

인조 과일 85

화물 열차 86

망고 88

벌목꾼들 89

그가 유리를 닦을 때 90

못 91

얼굴 92

검은 구두 93

1부

케익

커다란 케익을 놓고
우리 모두 빙 둘러앉았다.
누군가 폭탄으로 된 초를 꽂았다.
케익이 폭발했다.
우리는 아름다운 노래를 불렀다.
그리고
뿌연 먼지 기둥으로 피어오르는 폭발물을
잘라서 먹었다.

살인자들

창이 덜컹 열렸다.
한꺼번에 사람들이 왔다.
모두들 움직이지 않고 나를 바라보았다.
그들의 검은 눈동자
그들의 검은 숲 위로
흰 달이 뜨고 있었다.
흰 달이 그 숲에 불을 붙였다.
나는 나의 한쪽 눈을 빼서 그들에게 던졌다.
그리고
그들의 긴 대열에 합류했다.

가든 파티

고양이 요리가 나왔다.
고양이가 접시 위에 앉아 있었다.
나사못처럼 고양이의 두 눈이 핑그르 돌았다.
사람들의 손이
정신없이 빨라졌다.
수저 부딪치는 소리들이 함박눈처럼 쏟아졌다.
그 틈새로
내가 기어코
고양이의 두 눈에 각도를 맞추었을 때
그 순간, 고양이는 날아올라
나를 덮쳤다.

새와 함께

 그가 걸어가고 있는데 낡은 집의 창문이 열리더니 한 떼의 새들이 쏟아져 나왔다. 새들은 순식간에 그를 에워싸고 그의 발목을 쪼아댔다. 발목이 사라지자 그는 없는 다리로 걸어갔다. 하지만 새들은 그를 쫓으며 그의 팔목을 비틀었다. 그리고 맞은편 창문이 열리자 그를 끌고 우르르 그 안으로 사라졌다.

테니스 써클

높은 언덕, 바위산에서 우리는 회합을 가졌다.
구멍 뚫린 바위들, 죽은 나무들 뒤에 우리는 서 있었다.
죽은 나무의 그림자들이 휘파람을 불어대면
죽은 나무의 벌레들과 테니스를 쳤다.
우리는 바위를 날리고 있었다.

바위산에서 우리는 모두 다른 곳을 향해 걸었지만
웬일인지 한곳에 모여 있었다.
누군가 미끄러져 구르는 소리가 들려왔다.
우리는 테니스 채를 몸에 휘감고 이해할 수 없는 포옹을 했다.
우리는 바위를 날리고 있었다.

밧줄

어느 날 그 건물 아래로 밧줄이 드리워지고 사람들이 하나씩 건물을 빠져나갔다. 밧줄은 아주 오래 매달려 있었다. 가느다란 외줄이 부르르 떨고 있는 것을 멀리서도 볼 수 있었다. 그후 그 건물이 완전히 철거되었을 때 밧줄은 사라졌다. 더 이상 밧줄을 타고 내려갔던 사람들도 보이지 않았다.

하지만 나는 누군가 그 밧줄에 매달려 있는 것을 날마다 보았다. 움직이지도 않고 딱정벌레처럼 등을 웅크린 채 그는 허공에서 이리저리 흔들리고 있었다. 나는 이 건물, 저 건물에 그 밧줄을 번갈아 걸었다. 밧줄은 시간이 흐르면서 점점 짧아졌다.

어느 날 새로 불 켜진 창에서 한 사람이 떨어졌다.

대화법

찻잔 속에서
벌레들이 기어나왔다.
푸른 마디로 이루어진 몸들이
일렬로 천천히 움직였다.
나는 말을 멈추었다.
벌레들의 까만 눈동자가
정지한 나의 언어를 향해 나아갔다.
찻잔이 덜거덕거렸다.
나는 받침 접시를 빙글빙글 돌렸다.
그리고 벌레들을 높이 쌓기 시작했다.
벌레들은 높이 벌레들을 향해 나아갔다.
나는 끊었던 말을 다시 시작했다.

트럼펫

빛이 옷을 입는다.
트럼펫 속에서 벌레가 울고 있다.
벌레는 아주 조금씩
트럼펫을 먹는다.
트럼펫이 먹히는 동안
나는 빨간 손으로 트럼펫을 연주한다.
빛이 옷을 입는다.
빛이 벌레의 옷을 입는다.
허공에서 거대한 벌레가 숨죽여 울고 있다.
나는 한 마리 벌레 속으로 사라진
트럼펫을 연주한다.
나의 손은 빨갛다.

유리 끼우기

  인부 두 사람이 커다란 유리를 날랐다. 계단에서, 복도에서, 현관에서 유리는 끌리고 부딪히며 옮겨졌다. 집안에 있던 동물들이 모두 도망쳤다. 나는 동물들에게 주려던 먹이를 다 먹어치웠다. 인부 두 사람이 커다란 유리를 잡고 빙빙 돌았다. 나는 유리에 감겨 춤을 추었다. 유리가 거실 문에 끼워졌을 때 나는 유리에 꽁꽁 묶여 움직일 수 없었다. 나는 밖을 내다보았다. 인부 두 사람이 걸어 나가고 있었다. 서서히 금이 가던 그들의 얼굴은 유리 조각들로 부서져 날리고 있었다.

구경꾼

두 손이 묶인 채
그는 끌려갔다.

구경꾼들이 많았다.
휘파람도 불고
욕설도 퍼부으면서
사람들이 길게 늘어서 있었다.

그의 어깨를 쪼던 새가
카메라 플래시를 터뜨리기도 하였다.

이상한 코일들이 그를 감았다.
그를 감고 내려오는
그 날카로운 코일들을
그는 완성했다.

그는 구경했다.

그에게 등을 돌리고 서 있는
구경꾼들을 지나갔다.

공원에서

 공원에 앉아 있었다. 거리는 모두 증발했다. 공중에 떠 있는 건물들이 서로 부딪쳤다. 나는 도피중인 수목들을 표시했다. 내가 상속한 이 수목들을 모두 잊었다. 숲의 은유가 피를 흘리고 있었다. 사건들은 점점 흐려졌다. 흐려지고 비슷해졌다. 나를 데려가주오. 빛이 중얼거렸다. 빛이 없는 곳에서 빛이 중얼거렸다. 개 한 마리가 내 앞을 지나갔다. 나는 개를 쫓아가 물었다. 개도 달리고 나도 달렸다. 무엇에도 부딪치지 않았다. 공원은 개를 데리고 산책 나온 사람들로 넘치고 있었다.

장미 한 다발

 꽃집 주인이 포장을 했을 때 장미는 폭소를 터뜨렸다. 집에 돌아와 화병에 꽂았더니 폭소는 더 커졌다. 나는 계속해서 물을 주었다. 장미의 이름을 부르며.
 장미는 몸을 뒤틀며 웃어댔다. 장미 가시가 번쩍거리며 내게 날아와 박혔다. 나는 가시들을 훔쳤다. 나는 가시들로 빛났다. 화병에 꽂힌 수십, 수백 장의 꽃잎이 몸을 제대로 가누지 못했다.
 나는 기다렸다. 나는 흉내냈다. 나는 웃었다. 그리고 웃다가, 장미가 끼고 있는 침묵의 틀니를 보았다. 장미는 폭소를 터뜨렸다.

신사의 식사

정장 차림의 한 신사가 식사를 하고 있다.
포도주는 붉고 묽다.
그의 눈동자도 붉고 묽다.
웨이터는 더 묽은 포도주를 따라준다.
그는 한 손에 나이프를
한 손에 포크를 쥐고
규칙적으로 고기를 썬다.
갈라진 고기 속에서 그의 넥타이가 나온다.
핏물이 고인 고기 속에서 넥타이는 이리저리
길게 끌려다닌다.
그가 식사를 마치고 떠날 때
넥타이는 그대로 남겨진다.
남겨진 포도주는 붉고 묽다.

푸른 사과

사과를 던지자 최초의 벽이 생긴다. 사과는 벽에 맞아 떨어진다. 벽에 맞는 순간 보이지도 않는 작은 조각들로 흩어졌다가 사과는 다시 뭉친다.

사과를 던지자 벽이 뚫린다.

푸른 사과들이 도로 양변에 늘어서 있다. 그중 하나를 집어 올리려고 몸을 숙인다. 머리 위로 내가 던진 사과가 날아간다.

철제 의자

철제 의자를 만들고 나면 그가 와서 앉는다. 완성될 무렵이면 벌써 가까이 다가오고 있는 것을 느낀다. 의자를 만들 때 나는 아주 작은 집들을 통과한다. 내가 두 발로 서 있기도 어려운 작은 집들. 집들은 때로 낚시 바늘을 삼킨 물고기처럼 끝없이 달린다. 나는 달리는 집을 세우지 않는다. 나는 의자를 만든다. 의자는 나와 무관하고 의자는 완성된다. 철제 의자를 만들고 나면 철제 의자는 소멸한다. 나는 소멸한다. 그는 언제나 철제 의자에 앉는다.

야구 선수 K

 그가 야구방망이를 휘두른다. 그는 달린다. 야구방망이가 달린다. 높이 떠오른 그의 얼굴이 달린다. 사람들의 함성이 운동장을 달린다.

 그는 달린다. 야구방망이보다 빨리 달린다. 그의 얼굴보다 빨리 달린다. 사람들의 함성보다 더 빨리 달린다.

 그는 달린다. 운동장은 텅 비어 있다.

 그는 더 빨리 달린다. 저 하늘은, 저 하늘 한가운데로 높이 떠오르는 글러브는 텅 비어 있다.

 그는 달린다. 원 밖으로 달린다. 운동장 밖으로, 자신이 높이 날려보낸 그의 얼굴 밖으로 달린다. 그는 달아난다.

 죽을힘을 다하여 그는 작아진다.

 그는 쓰러진다. 사람들이 일제히 그를 에워싼다. 그리고 목에

 그의 얼굴을 걸어준다.

나는 고양이와 회의를 한다

  접시를 닦는다. 손에서 접시가 미끄러지며 산산조각 난다. 깨진 조각들이 모두 어디론가 굴러가 버린다.

  깨진 접시 조각을 물고 고양이 한 마리가 나타난다. 고양이는 그것을 빙빙 돌리며 나타난다.

  나는 고양이와 회의를 한다. 탁자 위에 깨진 조각을 올려놓고 나는 고양이를 깨우고 고양이는 나를 깨운다.

  나는 고양이와 회의를 한다. 회의를 거듭할수록 고양이는 늘어난다. 오늘은 방안에 가득한 고양이와 몹시 시끄러운 회의를 한다. 고양이들의 울부짖는 소리, 그러나 고양이들은 내 머리 위를 소리없이 걸어다닌다.

  나는 손을 내민다. 고양이 한 마리가 다가와 내 손을 삼켜버린다. 그는 내 깨진 손을 가져간다. 고양이들의 울부짖는 소리, 그러나 고양이는 곧 다른 고양이들을 잠재운다.

  부엌에는 잘 닦인 접시들이 나란히 꽂혀 있다. 이제 막 비행을 끝낸 비행접시들이 반질반질 두 눈을 번득이고 있다.

칼

몸속에 칼이 있다.
지하도에 누워 있는 몸속에는 지하도의 칼이
사다리를 오르는 몸속에는 사다리를 타고 오르는 칼이 있다.

칼은 몸을 세우고
칼은 몸을 눕힌다.
몸을 쉬게 한다.

하지만 칼은 깨어나지 않는다.

어느 날 입 밖으로 칼이 튀어나와도
칼은 깨어나지 않는다.

칼은 새처럼 날아다닌다.
날아다니는 새는 깨어나지 않는다.
새의 그림자는 결코 깨어나지 않는다.

칼은 몸에 꽂히는 순간 잠든 것이다.

나의 식물

 호스를 길게 늘어뜨리고 식물들에게 물을 준다. 여름내 뜨거웠던 식물들, 아직 뜨거운 식물들이 불을 품고 있다. 식물들은 불을 품고 불과 싸운다. 자신의 타들어가는 손가락들을 서슴없이 던진다. 나는 날마다 물을 준다. 물은 때로 거품이 되어 공중에 매달리지만 그 물에 취한 식물들의 발이 붓는다. 불과 싸우던 식물들은 이제 물과 싸운다. 불을 끄고 나서 그들은 물을 끈다. 작은 식물들도 뿌리 속까지 스민 물을 천천히 끈다. 식물이 자란다.

 나는 감염된 채소를 식탁 가득 차린다.

소풍

풀밭 위에서 식사를 했다.
바구니를 열고
샌드위치를 먹었다.
바구니는 금방 비었다.
풀밭 위에서 노래를 부르다가
기타를 떨어뜨렸다.
풀들이 이리저리 쓸려
기타를 찾을 수 없었다.
기타 없이 노래를 계속했다.
풀들이 자라
노래를 덮었다.
풀들이 자라
노래 위를 떠도는
입술을 덮었다.

프로그램

모두들 잔을 높이 들었다.
바닥에 잔을 던졌다.
마룻바닥으로 목이 부러진 개미들이 기어나왔다.

우리는 새로운 잔을 높이 들었다.
개미들이 잔 위로 기어올랐다.

불이 꺼졌다.

우리는 거품으로 만들어진 잔을 돌렸다.
한 사람씩
거품 가득 혀를 베며.

검은 자동차

검은 자동차들이 줄지어 서 있었다. 검은 자동차들 속으로 사람들은 사라졌다. 하지만 차들은 도로에서 빠져나가지 못했다. 차선이 지워지고 자동차의 바퀴들은 마구 엉켰다. 며칠에 한 번씩 태양은 지워진 차선 위에 붉은 폭탄을 던지고 외눈박이 어둠은 살의를 풍겼다. 거리를 쏘다니는 개들은 이빨만 길게 자라나고 있었다. 나는 어느 날 오랫동안 거리에 서 있는 자동차의 검은 바퀴들을 모두 빼버렸다. 밤마다 상가들은 비뚤어진 문 위에 불을 환히 켜고 축제를 벌였다. 검은 이빨들이 모두 빠진 채 자동차들도 덩달아 불을 켜고 웃었다. 나는 홀로 어둠 위에 빛나고 윤이 나는 바퀴들을 굴렸다.

민들레 총

어디선가 총성이 울린다.

나는 총 속으로 걸어들어간다. 총 속에 눕는다. 내가 손을 내밀면 총이 녹는다.

나는 총 속에 눕는다. 누워서 내 순서를 기다린다. 짧게, 나를 뒤흔드는 총성이 울린다.

총이 녹는다. 나는 민들레가 퍼져 나가는 언덕 위에 누워 있다. 나는 민들레의 총구를 찾는다. 나는 나의 총구를 찾아 헤맨다.

노오란 민들레는 노오란 민들레를 장전한 민들레의 총을 만들고 있다. 노오란 민들레는 노오란 민들레 총으로 녹는다.

나는 민들레 속에 눕는다.
나는 민들레 속에 눕는다.

민들레는 민들레 총을 쏘지 않는다. 나는 민들레 속으로 걸어들어간다. 어디선가 총성이 울린다.

부서진 계단

나는 계단을 오른다.
부서진 계단

내가 한 걸음 디딜 때마다
계단들은 사라진다.

두 사람이 싸우고 있다.
서로 계단을 던지며

모든 사람이 싸우고 있다.

한 사람이 다른 사람의 팔을 꺾어
멀리 던져버린다.

멀리 날아간 팔이
되돌아와
계단을 오른다.

나에게로 자꾸
나는 굴러 떨어진다.

계단을 오르지만
계단은 보이지 않는다.

단두대에 앉았지만
나는 이미 머리가 없다.

앉아 있는 새

새 파는 사람이 나를 불러 세웠다. 새장 안을 들여다보니 내가 있었다. 나는 그 새를 샀다. 높은 곳에 새를 걸었다. 새는 자주 새장에서 걸어나와 나를 쪼아댔다. 나는 아주 작아졌다. 새는 커다란 부리로 나를 삼켰다 뱉곤 하였다. 나는 새장 속으로 들어갔다. 나는 기다렸다. 그때 나를 사려는 어떤 사람이 다가왔다.

나무는 도끼를 삼켰다

자신을 찍으려는 도끼가 왔을 때
나무는 도끼를 삼켰다.
도끼로부터 도망가다가 도끼를 삼켰다.

폭풍우 몰아치던 밤
나무는 번개를 삼켰다.
깊은 잠에서 깨어났을 때 더 깊이 찔리는 번개를 삼
켰다.

2부

무는 혼수상태에 빠진다

양파가 제 싹을 끌어당길 때
빈 병에 새로운 전쟁이 피어날 때
무는 혼수상태에 빠진다.

바다의 프리즘

 밀정을 보냈는데 돌아오지 않았다. 별들이 끌리는 소리가 들렸다. 창을 열었더니 그 소리는 더 이상 들리지 않았다.

 열린 창으로 빈 방주가 돌아왔다. 방주의 무수한 손가락들이 각기 다른 바다를 가리키고 있었다. 나는 바다가 환한 불빛을 달고 지나가는 것을 보았다.

 나는 처음으로 바다를 보고 있었다.
 내가 바다를 보았을 때 바다는 바다가 되었다.
 내가 바다를 보았을 때 나는 바다가 되었다.

 형광등 속에서 날아다니는 파리들
 탁. 탁. 탁.
 몸을 부딪치는 소리는 그를 맞으러 온 바다를
 그가 서 있는 가장 높은 파도를
 그가 알아보지 못하기 때문이다.

 나는 내가 보낸 밀정을 살해했다. 또 다른 밀정을 보내서. 내가 제2, 제3의 밀정을 보냈을 때, 내가 내 밀정의 밀정이 되어 사라지기 전, 나는 바다가 환한 불빛을 달고 지나가는 것을 보았다.

붉은 담장의 커브

거위들이 붉은 벽돌로 쌓은
붉은 담장 앞을 지나갔다.
담장의 커브길을 따라갔다.

거위가 나를 찾아오는 날
나는 옥수수 알을 떨어뜨리며
담장의 커브길을 돌았다.

담쟁이덩굴은 담쟁이덩굴의 커브를 돌고
거미는 거미줄을 치며 커브를 돌고
북태평양의 태풍은 어느 날 밤, 태풍의 죽은 커브를 돌 았다.

내가 가까이 다가가도
거위들은 일제히 날아오르지 못했다.
거위들은 붉은 담장의 커브길을 돌았다.

침입자

　문을 열고 들어섰을 때 기둥 앞에 한 남자가 서 있었다. 그는 땅에까지 닿는 긴 그물을 들고 있었다. 나는 내 집에서 나가달라고 짤막하게 말했다. 이곳은 당신 집이 아니오. 그가 말했다. 나는 내 집에서 나가달라고 다시 한번 말했다. 이곳은 당신 집 밖이오. 하고 그는 말하더니 친절하게 덧붙였다. 집은 없소. 집 밖이 있을 뿐이오. 아무도 당신 집이 어디 있는지 알지 못하오. 침입자는 그물을 폈다. 그리고 나를 천천히 끌어당기기 시작했다.

정원사

 새로 온 정원사는 하루에도 몇 차례씩 새들에게 먹이를 주었다. 어디서 날아왔는지 또 한 떼의 새들이 땅에 떨어진 먹이를 쪼아댔다. 정원사는 새들 속으로 걸어갔다. 그가 가까이 다가가도 새들은 날아가지 않았다.

 정원에는 벌들이 많이 날아왔다. 나무 속에서 꽃 속에서 벌들은 기체가 되었다. 나무를 쏘고 꽃을 쏘고 기체가 되었다. 정원사는 구부러지는 공기 속으로 걸어갔다. 두 발을 허공에 띄우고 둥근 사과 속으로 들어가 기체가 되었다.

벽지

　집에 돌아와 손을 벗었다. 열쇠꾸러미 같은 손이 소파 위에 떨어졌다. 한 올 한 올 올이 풀리는 손가락들, 손가락들은 집안의 벽지를 뜯어냈다. 벽지에 잠들어 있던 물고기들을 깨웠다. 거꾸로 자라는 빛, 발톱이 없어 바닥에 서지도 못하는 빛을, 빛의 어깨를 나는 밟고 올라섰다. 불은 움직이지 않았다. 움직이지 않고 타들어갔다. 물고기들이 눈을 뜬 채 모래 속으로 사라졌다. 나는 모든 실을 풀어버렸다.

오렌지 먹는 사람들

한 소년이 오렌지를 팔고 있었다.

혀를 감추고 있는 오렌지
우리는 리어카 주위에 서서 오렌지를 베어먹었다.

오렌지는 차고 달고 시고 썼다.
오렌지는 비어 있었다.
리어카는 비어 있었다.

오렌지를 팔던 소년은
보이지 않았다.

우리는 계속해서 오렌지를 베어먹었다.
오렌지와 오렌지처럼
서로 얼굴이 지워질 때까지
우리는 오렌지를 찢고 찢었다.

우리 모두 지워졌다.

텅 빈 거리
한 소년이 리어카 가득 오렌지를 팔고 있었다.

오렌지 나무의 농담

오렌지 나무에서 오렌지들이 떨어진다.
오렌지들은 낙차를 즐거워한다.
떨어질 때 그리는 포물선을 즐거워한다.
오렌지 나무를 가득 덮은 오렌지들이
나무를 허공 중에 묻어버린 오렌지들이
모두 떨어졌을 때
오렌지 나무는 거기 없었다.
오렌지들은 한꺼번에 농담을 한다.
우리는 오렌지의 농담을 먹는다.

나무 속에서 피리를 불었다

나무 속에서 피리를 불었다. 나무 속에서 나무를 기다렸다. 열 손가락으로 고열에 시달리는 이마를 짚었다. 손가락들이 튜브처럼 늘어났다. 피리가 구부러졌다. 나무는 천천히 다가왔다. 내장 속에도 두 눈 속에도 나뭇가지들이 퍼져갔다. 나무에 대고 피리를 불었다. 나무는 춤추었다. 열 손가락으로 나무를 연주했다.

나는 거대한 까마귀의 입을 틀어막았다.

호도나무를 베다

 길을 가면서, 그는 호도나무를 베었다. 호도나무는 눈에서 자란다. 호도나무가 두 눈을 완전히 가리기 전에, 그는 이따금 멈추어 가지들을 잘라냈다. 그리고 생각했다. 호도나무는 왜 돌아오는 것일까?
 호도나무에 올라앉아 있던 사람들이 그에게 손짓을 한다. 그도 손을 흔들었다. 흔들면서 그는 동일한, 균형에 이른, 수많은 호도 알들을 생각했다. 호도 알들은 마주보며 썩어 있었다.

그의 초승달

 날마다 그에게 간다. 날마다 그의 초승달을 훔친다. 아무 말도 하지 않는다. 깨진 유리 조각들이 서 있을 뿐이다. 깨진 유리 조각들처럼 서 있다 돌아온다. 돌아올 때, 이미 돌아온 사람들과 이제 돌아올 사람들을 본다. 그들 머리 위에 서 있는 초승달을 본다. 하나, 둘, 셋, 초승달들이 어두운 하늘을 이동한다. 어둠은 둥글게 휘어진 활주로, 내가 훔친 초승달은 나보다 먼저 내 집에 도착한다. 깨진 유리 조각들이 보이지 않는다. 유리 조각들은 제 음표를 베어물고, 모두 보이지 않는 곳에서 나를 기다리고 있다. 유리 조각의 숨은 음표들이 나를 세운다. 나는 다시 그에게 간다. 깨진 유리 조각들처럼 서 있다 돌아온다. 나는 어두운 하늘을 이동한다. 어둠은 둥글게 휘어진 활주로, 내가 훔친 초승달이 어두운 하늘을 이동한다.

흉기

 그 상자는 상자를 밀고 가는 사람의 것이 아니다. 상자가 있고, 상자를 밀고 가는 사람이 있고, 그가 입은 스웨터가 있기에 나는 상자를 상상한다. 지금, 상자가 내 앞을 지나가고 있다. 상자는 상자를 밀고 가는 사람과 나를 중재한다. 우리는 함께 상자의 팽창을, 상자의 구획을 바라본다. 함께 상자의 뒤를 따른다. 하지만 나는 결코, 상자를 밀고 가는 사람의 얼굴을 보지 못했다. 자리를 바꾸어가며 그를 바라보지 못했다. 내 탁자 위에서 위치를 바꾸지 못하는 컵들, 비워지고 다시 제자리에 놓이는 컵들, 나는 그 컵들에 타버린 검은 씨앗을 한 알씩 넣고만 있었다. 나의 맑은 적도의 씨앗을 넣고 있었다. 상자가 완전히 지나갔다. 모든 흉기들은 비로소 꿈을 꾸기 시작한다.

모래주머니

　모래주머니를 베고 누워 잠든다. 나의 귀에서 모래들이 쏟아져 나온다. 눈에서, 손가락에서, 잠의 문을 열고 자꾸 모래들이 쏟아진다. 어제 먹은 우동 가락이 아무리 내 목을 칭칭 감아도 입에서 쏟아지는 모래를 막을 길 없다. 나는 모래바람이 부는 이 언덕의 뜨거운 목구멍을 통과한다. 나는 여기 가장 많은 모래를 보태고 있다. 나는 지금 가장 많은 모래를 죽이고 있다. 나는 잠에서 깨어난다. 길을 막던 모래주머니 한 덩어리가 내게 달려들고 있다.

달팽이 시계

베란다 창에 달팽이가 붙어 있다. 달팽이는 희미하다. 달팽이를 보며 나는 졸았다. 그것은 내가 며칠 전에 창 밖으로 떨어뜨린 달팽이인가?

곤충들은 멀리 가지 않는다. 조금도 원근법을 사용하지 않는다. 서로서로를 피하려고만 한다. 먼지처럼 붙어 있는 달팽이는 달팽이를 피하려 한다. 달팽이를 피해 먼지처럼 붙어 있다.

달팽이는 먼지다. 달팽이의 몸에서 시간이 모두 빠져나가면 달팽이는 스스로 시계가 된다. 나는 그 시계에 시간을 맞춘다.

식당에서

　식당 구석에 그는 앉아 있다. 전등 불빛이 그의 앞에 놓인 커피 잔에 쏟아져 내린다. 불빛은 잔을 가득 채우고 잔 위에 서 있다. 잔 위에 잔을 잡고 있는 두 손 위에 두 손이 놓인 테이블 위에 불빛은 높이 쌓여간다. 그는 커피 잔을 들었다 놓았다 할 뿐 고개 한번 들지 않는다. 불빛 아래 어둠은 쥐새끼처럼 눈을 반짝거리며 그의 주변을 맴돌고 있다.

　그는 고개 한번 들지 않는다. 한순간 불빛이 그를 에워싸고 그를 파먹는다. 쥐들이 비명을 지른다.

　그의 머리는 불빛에 녹아서 완전히 사라진다.

나는 나뭇잎을 물고

배달된 나무는 오랫동안 거실 한 켠에 놓여 있었다. 내가 자주 닦아주던 나뭇잎들, 나뭇잎들은 바닥을 기어다닌다. 나무는 둥근 화분 위로 이름 없는 산맥들을 만들었다. 나는 나뭇잎을 물고 그 산맥들로부터 멀어진다.

나는 물을 준다. 물을 줄 때 화분 속에 숨어 있는 나무의 둥근 얼굴이 보인다. 내가 자주 닦아주던 나뭇잎들, 나뭇잎들은 나무를 감고 나무를 천천히 지워 나간다. 나무는 둥근 화분 위로 이름 없는 산맥들을 만들었다.

나는 나뭇잎을 물고 그 산맥들로부터 멀어진다.

숲을 지나가는 법

기차가 숲을 지나간다.
기차는 숲속 나무 사이로
나타나고
사라지고
나타난다.

숲이 거짓말을 한다.
숲속 나무들은
나타나고
사라지고
나타난다.

나무들은 지푸라기다.
나무들은 서로 묶여 있다.
나무들은 나무들을 모른다.

기차가 숲을 지나간다.

기차는 숲의 거짓말을 피해
나타나고

사라지고
나타난다.

안내

 그 건물의 입구에는 안내인이 서 있다. 그는 수집가다. 높은 빌딩을, 빌딩에 들어차 있는 아름다운 방들을 수집한다. 나는 그가 내게 가지고 있는 환상을 사랑한다. 나는 날마다 나타나는 낯선 사람이다. 그의 아름다운 방들을 새로이 찬양하는 사람이다. 내가 들어서면 그는 호루라기를 분다. 호루라기는 동맹을 의미한다. 내가 빛이었고, 그가 발광체였음을 의미한다. 그는 말없이 동맹자가 건물을 빠져나가도록 해준다. 그의 앞을 지나서, 그 건물을 지나가도록 해준다. 새로운 불안이 껍질을 벗는다. 나는 불안의 입에 동맹의 호루라기를 물려준다. 호루라기를 불면서 나는 사라지는 것이다. 나는 그가 내게 가지고 있는 환상을 사랑한다. 나는 그의 환상이다. 대리석 조각으로 서 있는 그가 걸어다니는 환상이다.

나의 연주

1

내가 치는 피아노 소리를 나는 듣지 못한다. 내 귓속에 한 마리 나방이 살기 때문이다. 피아노를 칠 때 나방은 격렬하게 날개를 떤다. 나는 페달을 세게 밟지 않는다. 소리가 울리면 나방은 방패처럼 날개를 편다.

2

사람들은 나의 연주를 좋아한다. 나는 가끔 그들에게 불려간다. 무대에서 연주할 때 내 손은 피아노에 닿지 않는다. 내 손은 피아노 위에서 사라진다. 그 자리에 나방들이 한꺼번에 올라와 앉는다.

3

창틀에 나방 한 마리가 날아다닌다. 먼지를 뒤집어쓰고 웅크린 그를 나는 오랫동안 바라본다. 내 눈이 둔해지길 기다려 이윽고 그는 창 밖으로 날아가 버린다. 나는 피아노의 뚜껑을 닫는다. 건반들이 모두 녹아 있다.

그네

그네가 흔들리는 소리를
들었다.

입 안에서는
수많은 단추들이 썩고 있었다.

나는 단춧구멍으로 휘파람을 불었다.

식탁 위의 빵을
날마다
조금씩
베어먹었다.

빵 부스러기보다
먼저
부서졌다.

고양이에게 물려간 뒤
태양도 고양이를 물었다.

붉은 카펫 위에서
나는 그네가 흔들리는 소리를 들었다.

그넷줄을 잡고 있는 두 손은 손목이 끊어져 있었다.

얼음의 세목

 두 손이 얼음 속을 헤엄친다. 헤엄쳐 나아간다. 얼음 속에 도시는 잠들어 있다. 스위치를 올려도 불빛은 얼어붙고, 계단은 무거운 침묵에 부서졌다. 나는 얼음의 세목을 작성한다. 자동차는 도로에서 멀고, 유리로 만든 집들은 혀가 없다. 살인자는 도끼를 찾지 못한다. 그는 도끼를 본 적이 없다. 시계 바늘들이 제각기 튀어나와 새로운 분할을 시도한다. 사람들은 섞이지 않는다. 움직임은 얼어붙었고 구겨졌다. 한 사람과 한 사람의 거리는 부상을 입은 채 응고된다. 얼음의 단두대 위에서 한 사람과 한 사람은 완성된다. 나는 그들을 나의 비수로 파묻는다. 나의 두 손은 얼음 속에 갇힌다. 나는 얼음의 세목을 작성한다.

먹구름

먹구름이 하늘에서 땅으로 내려왔다.

구름이 앞을 가려
우리는 더 이상 나아갈 수 없었다.

허공은 폭파되었다.

먹구름 속에서, 땅속에서
두더지처럼
우리는 이리저리 기울었다.

구름은 우리의 모습을
갖가지 형상으로 보여주었다.

구름은 땅과
죽음의 퍼즐을 맞추고 있었다.

해바라기

   이불을 덮고 그는 잠든다. 이불이 미끄러진다. 허공으로 손을 내밀어 그는 이불을 끌어당긴다. 이불이 저만치 미끄러진다.

   그는 어둠을 향해 얼굴을 드러내고 잠든다. 이불을 끌어당기느라 팔은 길어지고 휘휘 허공을 젓는 두 손은 점점 넓어져간다.

   그의 손은 방안을 꽉 채운다. 손은 천장에 가득 피어 있는 해바라기를 밟는다. 해바라기는 그의 잠 밖에서 뿌리 뽑힌다. 그는 해바라기를 향해 얼굴을 드러내고 잠든다.

   그는 덮는다. 해바라기를 덮는다. 천장에는 가득 해바라기가 피어 있다.

   그는 그의 잠 밖에서 뿌리 뽑힌다. 그는 이불을 끌어당긴다. 이불이 자꾸만 멀리 떠밀려간다. 그도 자꾸 어디론가 떠밀려간다.

나는 그에게 이불을 덮어준다. 이불로, 그를 완전히 덮는다.

천장에는 가득 해바라기가 피어 있다.

늙은 빵

  수면 아래서 그들은 빵을 먹었다. 빵은 길었다. 빵은 물에 젖고, 물에 불었다. 물풀들이 발목을 휘어 감았다. 귀 기울이면 물방울들이 산란하여 얼어붙는 소리가 들렸다.
  호수에서 헤엄치기 위해, 호수는 부풀어올랐다. 헤엄쳐 나가기 위해, 호수를 배에 싣기 위해 그들은 자주 옷을 털었다. 수면을 찢었다. 그리고 아주 배고플 때면 그들은 수면 위로 떠올랐다. 두리번거리며, 곰팡이 핀 늙은 빵을 먹었다. 호수는 그들보다 빨리 떠내려가고 있었다.

일요일

일요일에는

강물이 얕아진다. 나는 뾰족한 발가락으로 강바닥과 이야기를 나눈다. 물풀 위에 앉아 모래로 이루어진 절벽이 춤추는 것을 바라본다. 바위들은 입을 벌리고, 자동차들이 뛰어다닌다. 내가 데리고 나간 원숭이가 모래 춤을 춘다.

일요일에는

빛이 그림자를 남기지 않는다. 빛은 나를 통과하고, 나와 함께 서 있는 내 강의 바닥을 통과한다. 끝없이 퍼져나가는 풀밭, 풀밭, 풀밭을 가로질러, 풀밭을 가로질러, 풀밭을 가로질러, 가다가, 사람들이 나무를 세우고 있다. 풀밭을 들고 있는 푸른 기중기들을 수직으로 세우고 있다.

호수

두 사람이 다리 난간에서 호수를 내려다보고 있다.
호수에는 아무것도 살지 않는다.
지푸라기들만 이리저리 떠다닌다.

두 사람은 계속 호수를 내려다본다.
그들이 호수를 내려다보는 사이
그들 뒤로 물고기 한 마리가 다리 위를 걸어가고 있다.

두 사람은 눈치채지 못한다.
나무들처럼 저 아래 호수를 향해 그들의 몸이 서서히 굽어간다.
그들의 굽은 몸이 호수에 가 닿을 때 물고기 한 마리가 꼿꼿이 서서 다리를 건너간다.

벌레

그 작은 벌레가 나무를 타고 올랐을 때
벌레는 휘청거렸다.
꼭대기에 오르는 동안 그는
나무를 모두 갉아먹었던 것이다.

벌레는 천천히 나무를 뱉는다.
나무의 긴 손가락들이 벌레를 감추었다.
나무의 긴 손가락들이
벌써 달을 찌르고 있었다.

연분홍 타이어

도시의 검은 건반들 위를
연분홍 타이어들이 굴러간다.

타이어들은 땅에 닿지 않는다.

도로들이
소용돌이에 빠진다.

나무젓가락

모인 사람들이 모두 나무젓가락으로 식사를 한다.
젓가락 신호를 주고받으며
젓가락 암호를 풀고 있다.

그들은 악보를 집어 올린다.
그들은 그들이 그린 악보를 집어 올린다.
그려지지 않는 악보를 집어 올린다.

젓가락들이 딸꾹질을 한다.
여기저기서 소란스럽게 딸꾹질을 한다.
젓가락을 사용하는 사람들도 딸꾹질을 한다.

우리는 젓가락 레이더에 포착된다.
우리의 통신은 우리를 물어뜯는다.

젓가락들이 일시에 부러진다.
누군가 우리를 집어 올리고 있다.

잠

나는 잠들어 있다. 나는 숨을 죽이고 있다. 두 귀는 서 있고 손톱과 발톱은 공중에 떠 있다.

잠 속에서, 나는 잠을 자지 않는다. 잠은 이상한 힘으로 나를 깨운다. 나는 가장 높은 꼭대기로 올라가 나를 기증한다. 나는 떠 있는 빌딩이다.

빌딩은 새들을 퍼뜨린다. 발목이 없는 새들이 떨어지고 있다. 한 마리는 허공에 걸려 파닥거린다.

나는 갈기갈기 찢어진다. 나의 잠은 찢어진다. 나의 꿈은 잠 밖으로 튀어나온다.

꿈은 정지되어 있다.

벽에서 튀어나온 못들, 못들을 피해 나는 잠잔다. 못들과 함께, 두 귀는 서 있고 손톱과 발톱은 공중에 떠 있다.

나는 너의 방을 노랗게 칠한다

나는 너의 방을 노랗게 칠한다.
창틀을, 문의 손잡이를 노랗게 칠한다.
숨을 쉬지 않는 네 방의 피륙을 짠다.

파티에 참석한 사람들이
너의 창을, 지붕을 대패질한다.
그들의 손은
번쩍이는 광선처럼
네 시간의 톱날 위를 날아간다.

모든 사람이 유쾌하다.
모든 사람이 유쾌하게 대패질을 한다.

너의 방은 날아가 버린다.
톱밥이 되어 일시에 흩어져 버린다.
나는 너의 방을 노랗게 칠한다.
창틀을, 문의 손잡이를 노랗게 칠한다.

어항

나는 어항 속에 산다. 계단을 오를 때 나는 지느러미를 고백한다. 나의 가장 무거운 계단이 지느러미를 고백한다.

나는 머리를 감는다. 머리카락들이 태양을 묶는다.

색의 충돌로 나는 존재한다. 내가 창을 열 때 나는 오렌지를 후려치는 것이다.

내가 바닥에 떨어진 얼룩말을 주우려 할 때 나는 벌써 얼룩말의 반대편에 가 있다. 나는 벌써 얼룩말을 마주보고 있다.

나의 떠오르는 힘 때문에 나는 걷지 못한다. 나의 부력은 나를 맨 위로 쏟아버린다.

어항에 잠긴 빌딩들이 소금쟁이처럼 앞장을 선다. 소금쟁이처럼 나는 그 입 속에 빙글빙글 어항을 돌린다.

공놀이

  좁은 골목길에서 아이들이 공놀이를 하고 있다. 돌아서 가려는데 공이 굴러왔다. 나는 잠시 공을 내려다보았다. 진흙 한 점 묻지 않은, 초록빛 신발을 신은 둥근 달팽이였다. 달팽이들이 복귀하는 계절이었다. 고개를 끄덕이면서 나는 그것을 아이들 쪽으로 높이 띄워주었다. 아이들은 저마다 다른 곳을 보며 공을 향해 팔을 벌렸다.

세수

 거품을 내서 세수를 한다. 거품이 나지 않는다. 거품을 내서 세수를 해야 한다. 거품이 나지 않는다.

 허리를 굽히고 모든 것을 잊는다. 허리가 굽혀지지 않는다. 허리를 펴고 모든 것을 잊는다. 둥근 나의 지붕이 순교를 한다.

 물이 방아쇠를 당긴다. 물로 씻는다. 앞으로 내달으며 뒤로 넘어지며 물이 방아쇠를 당긴다. 물을 잠근다.

 하루가 간다. 하루가 온다. 하루하루가 샌다. 수도꼭지를 꼭 잠가도 방에 들어오면 수돗물이 흐르는 소리가 들린다.

태양과의 통화

  나는 태양을 향해 화살을 쏜다. 나의 통화는 너무 길었다. 구불구불한 전화선을 타고 내 얼굴은 흘러내린다. 나는 내 얼굴을 향해 화살을 쏜다. 미세한 먼지들이 나를 감싸고 자꾸 내 눈 속으로 들어온다. 먼지로 이루어진 거대한 공장들이 사슬을 풀고 있다. 거대한 공장과 공장 사이로 내 얼굴은 사라진다. 나는 질식한 머리카락들을 집어 올린다. 수화기 건너편에서 태양이 햇빛 총을 쏘고 있다. 총구들이 자꾸 내 눈 속으로 걸어들어온다. 나는 너무 많이 통화했다. 끔찍하게 늘어져 있는 태양의 전화선들, 나는 태양을 향해 화살을 쏜다.

지하실

　어두운 지하실을 비행기가 날았다. 벽에 부딪치지 않았다. 어두운 지하실은 벽이 없었다. 벽에 갇힌 회오리가 없었다. 몸을 숨기고 비행기는 비행을 했다. 바닥에는 하얀 양파들이 얽혀 자라났다. 하얀 양파들이 비행기를 바라보고 있었다. 비행기는 온몸으로 날아올랐다. 불필요한 날개로 날아올랐다. 하얀 양파들이 바라보는 것은 싫었다. 비행기 날개 아래 저 아래, 하얀 양파들이 자라는 것은 싫었다. 어두운 지하실을 비행기가 날았다. 비행기가 날아오르자 지하실은 사라졌다.

인조 과일

 방안의 과일들은 밀랍으로 만든 것이다. 과일들은 태양처럼 환하다. 모두 낯선 우주를 의심하지 않는다. 벌레들은 알아보지 못한다. 사과는 사과보다 가볍고 오렌지는 오렌지보다 명료하고 포도는 포도보다 공허하다. 과일들은 굴러 떨어지지만 어떠한 칼도 찌르지 못한다. 과일 속에 씨가 없기 때문이다. 나는 씨 없는 과일들을 빚고 또 빚는다. 과일들은 태양처럼 환하다. 깨어나지 않는 태양처럼, 깨어난 태양처럼 환하다.

화물 열차

망원경으로 창 밖을 내다본다.

화물 열차가 도착한다.
화물 열차가 다가와 무릎을 꿇는다.

선로는 얽혀들며 복잡한 명령을 내린다.
열차는 거기서 고립의 길을
세상으로 향한 가장 긴 고립의 길을 읽어낸다.

나는 화물들이 내리길 기다리고 있다.
화물들은 모두 하얀 마스크를 쓰고
침묵의 사이렌을 울리고 있다.

그것은 우리가 도달해 버린 도해다.
그것은
우리가 안치된 미래다.

화물들은 열차에서 내리지 않는다.
죽은 열차에서 움직이지 않는다.
달리는 열차에서 달리지 않는다.

선로 위로 쏟아지는 빛의 고막이 터지고

하나의 선로가 놓일 때마다 내 망원경은 부서진다.

망고

망고가 익었다. 익은 망고를 종이로 싸주었다. 빛을 찢는 과일의 탄주를 들었다.

망고는 떠돌았다. 자신이 그린 가느다란 가지들 사이를 비행 물체처럼 떠돌았다. 회전하고 회전해서 둥근 과일이 되었다.

나무는 존재하지 않았다. 망고 나무, 오렌지 나무, 살을 뚫고 나가 환해지는 태양의 나무들은 존재하지 않았다. 망고는 홀로 땅에 떨어졌다.

벌목꾼들

벌목꾼들이 나무를 베고 있다.
나무는 땅에 쓰러져
새들을 교란한다.
나무의 전파는 서로 섞여
뿌리들이 줄기와 잎들이
알아들을 수 없는 신호를 주고받는다.

벌목꾼들은 나무와 구별되지 않는다.
나무에 박힌 연장들은 빠지지 않고
그들의 몸은 둥근 원통형으로 이루어진
푸른 사원의 일부가 된다.
그들은 사원의 나무에 열매처럼 매달린다.

그 열매들을 기억하며
숲은 베어지지 않는다.
나무를 베면 나무 뒤에서
숲은 어두워지고 넓어진다.
숲은 거대한 검은 날개를 펼쳐든다.

그가 유리를 닦을 때

 고층 빌딩에 매달려 그가 유리를 닦고 있다. 펭귄이 손을 씻는다. 펭귄이 유리창에서 손을 씻는다. 오토바이를 타고 싶은데, 오토바이 바퀴가 자꾸만 늘어난다. 두 개, 네 개, 여덟 개, 이젠, 셀 수도 없다. 이 창들, 그가 유리를 닦을 때면 창들은 일시에 세포 분열을 한다. 수백 개의 유리가 된다. 수백 마리 펭귄이 수백 개의 손을 씻는다. 오토바이를 타고 싶은데, 오토바이가 달리지 않는다. 요란한 경적을 울리며 바닥을 알 수 없는 졸음을 몰고 오는 저 구름을 뚫고 지나가고 싶은데, 구름은 단번에 그의 오토바이를 삼켜버린다. 그는 유리를 던지기 시작한다. 고층 빌딩에 매달려 펭귄들이 질주하고 있다.

못

못이 박히지 않는다. 망치에 맞아 불꽃을 터뜨릴 뿐 벽 속으로 들어가지 않는다. 벽 속에서 무수히 많은 못이 일어서고 있기 때문이다.

못이 박히지 않는다. 못은 눈을 뜨고 있다. 못은 망치를 피해 회전하고, 망치를 따라 회전한다. 못은 망치와 함께 물렁해진다.

둥근 못, 바닥에는 휘어진 못들이 즐비하다. 나는 등이 굽은 생선들을 쓸어 담는다. 상해 버린 생선들이 비닐 봉지를 찌르고 있다.

얼굴

계속, 물만 마셨다. 컵 속에 얼굴을 떨어뜨렸다. 컵 속에서 얼굴은 눈 코 입이 지워졌다. 소리도 빛깔도 냄새도 지워졌다. 나는 컵을 내려놓았다. 검은 우산을 쓴 무리들이 일제히 창 밖을 지나갔다. 우산에 가려 그들의 얼굴은 보이지 않았다.

검은 구두

구두를 신고 그는 잠이 들었다.

나는 흙이 묻은

그의 커다란
검은 두 귀를

벗겨주었다.

지은이 이수명

1965년 서울에서 태어나 서울대학교 국문과와 중앙대학교 대학원 문예창작학과를 졸업했다. 1994년 『작가세계』로 등단했다. 시집 『새로운 오독이 거리를 메웠다』, 『왜가리는 왜가리 놀이를 한다』, 『붉은 담장의 커브』, 『고양이 비디오를 보는 고양이』, 『언제나 너무 많은 비들』, 『마치』, 연구서 『김구용과 한국현대시』, 시론집 『횡단』, 비평집 『공습의 시대』, 번역서 『낭만주의』, 『라캉』, 『데리다』, 『조이스』를 출간했다. 박인환문학상, 현대시작품상, 노작문학상, 이상시문학상을 수상했다.

붉은 담장의 커브

1판 1쇄 펴냄 2001년 9월 17일
1판 4쇄 펴냄 2024년 2월 6일

지은이 이수명
발행인 박근섭, 박상준
펴낸곳 (주)민음사

출판등록 1966. 5.19. (제16-490호)
서울특별시 강남구 도산대로1길 62(신사동)
강남출판문화센터 5층 (06027)
대표전화 02-515-2000 / 팩시밀리 02-515-2007
www.minumsa.com

ⓒ 이수명, 2001. Printed in Seoul, Korea

ISBN 978-89-374-0696-6 (03810)

* 잘못 만들어진 책은 구입처에서 교환해 드립니다.